JN369374

# 등장인물

## 숙자

어쩌다 노숙자가 된 지는 모른다.
발길 닿는 곳 이곳저곳을 떠도는데
착한 성품 덕분에 뜻하지 않게
도움을 받곤 한다.

## 미니

대식가 집안의 유일한 손녀!
푸먹초 먹짱이다. 맛있는 음식을 너무 좋아해서
음식만 보면 흥을 주체하지 못한다.

## 로기

푸먹초의 전교 일등!
무뚝뚝한 집안에서 자라 과묵하지만
은근히 자상해 인기가 많다.
미니를 좋아한다.

보라

나나

미오

## 학교 친구들

푸먹초에 다니는 유쾌하고 명랑한 친구들!
미니, 로기와 함께
가끔 먹방에 참여하기도 한다.

## 미니 가족들

세상의 모든 음식을
먹어 치우는 대식가 가족.
말썽쟁이 미니에게
아낌없는 사랑을 주는
든든한 가족이다.

미니 할아버지   메롱이   미니 엄마   미니 아빠   미니 할머니

로기 엄마

로기 아빠

## 로기 가족들

무뚝뚝하고 카리스마 넘치는 외모의 소유자들이다.
하지만 겉으로 보이는 모습과는 달리
각자의 방식으로 외동아들 로기를 살뜰히 보살핀다.

 **푸먹's 메뉴**

## 1장 쫄깃쫄깃 고기 편

- 1화　원시인이 된 숙자의 대왕고기 먹방! ············· 10
- 2화　자연인과 솥뚜껑 삼겹살 먹방 ················ 16
- 고기를 먹어선 안 된다고? ············· 26
- 한입 더! 별난 고기, 유별난 음식 유래 ············· 27

## 2장 후루룩 면 요리 편

- 3화　잔치국수, 따끈따끈한 정(情)의 맛 ············· 30
- 4화　30점 기념 쟁반짜장 먹방! ············· 36
- 5화　바다 한가운데서 먹는 쭈꾸미 라면 ············· 42
- 6화　찜통 더위엔 비빔면이지! ············· 48
- 한국의 이런저런 면면들! ············· 56
- 한입 더! 알고 먹으면 더 맛있는 면의 유래 ············· 57

## 3장 일상 음식 편

- 7화　네 가지 맛 행복 ············· 60
- 8화　평생 먹을 카레 한 솥 먹방 ············· 64
- 9화　엄마는 모르는, 달밤의 치킨 ············· 72
- 10화　마라샹궈는 행복의 맛! ············· 80
- 11화　헤어지기 힘든 사골곰탕 ············· 90
- 12화　훈훈한 포장마차, 푹 끓여 진한 우정! ············· 102
- 13화　칭찬과 격려는 양꼬치로! ············· 112
- '커리'와 '카레'는 다른 음식? ············· 122
- 한입 더! 썩어야 나는 참맛, 발효 식품 ············· 123

## 4장 여행 음식 편

14화  보기도 좋고 맛도 좋은 소풍 도시락! ·············· 126
15화  아마도 즐거운? 캠핑 먹방! ·············· 136
16화  가 보자! 전국 맛 기행! ·············· 146
옛 그림에 차려진 요리 ·············· 156
한입 더! 향신료 전쟁에서 승리하라! ·············· 157
푸먹's 뚝딱 레시피 떠먹는 컵피자 ·············· 158
푸먹's OX 퀴즈 ·············· 159

"오늘은 또 무엇을 먹을까?"

# 1장
# 쫄깃쫄깃 고기 편

그 순간, 숙자의 눈앞에 진짜 고기가 나타났다!

요 통통한 소시지는 소스를 찍어 먹어 볼까? 먼저 소스계의 클래식! 머스터드소스부터!
푹!
살짝 매콤한 머스터드 소스가 소시지의 기름진 맛을 잡아 주니까 먹을수록 입맛이 돌아!
톡!
토독!
다음은 요놈! 토마토케첩, 이제 네 차례다!
쭈우욱
촉촉한 케첩이 탱글탱글한 소시지와 함께 만나니 입안에서 폭죽이 터지는 것 같아!
뽀드득
뽀드득
따끈따끈한 핫도그 빵에 소시지를 넣어 볼까?
소시지와 빵을 동시에 씹으면 육즙이 톡톡 터지면서 빵에 부드럽게 스며들지!
쏘옥
나머지는 한입에 먹자!
입안이 통통한 소시지와 빵으로 가득 찼어! 이것이 행복인가!
와압
오물오물

# 고기를 먹어선 안 된다고?

채식주의자는 다양한 이유로 고기를 먹지 않아요. 일본에서는 불교를 받아들인 후, 1,200여 년간 육식을 금지했어요. 질겅질겅 씹으면 육즙이 주르르 흘러서 혀끝을 황홀하게 만드는, 이토록 맛있는 고기를 안 먹는다니! 세계 곳곳에는 고기를 금지하는 곳이 더 있대요. 왜 그럴까요?

##  소고기를 금지하는 힌두교 나라

인도에서는 소고기를 구경할 수 없어요. 햄버거 가게에서는 소고기버거 대신 양고기 햄버거가 있고요. 소고기 스테이크는 눈을 씻고 봐도 찾을 수가 없어요. 힌두교를 믿는 인도 사람들은 소고기를 아예 먹지 않거든요. 힌두교를 믿는 사람들은 소를 신성한 동물이라고 믿어요. 소에 3억 3,000만의 신이 깃들어 있다고 생각해요. 특히 수소는 시바 신의 상징, 암소는 크리슈나 신의 곁을 지키는 시종이라고 여겨서 소를 아주 소중하게 모셔요. 소를 죽이거나 먹는다는 건 상상도 못 할 일이겠지요? 물소만 예외예요. 물소는 죽음의 신인 야마를 등에 태운 동물로 봐서 먹어도 된답니다.

## 돼지고기를 금기하는 이슬람 나라

이란 항공의 기내식에서는 돼지고기를 주지 않아요. 사우디아라비아, 터키, 이라크 같은 이슬람권 국가에서는 돼지고기를 먹어서는 안 되거든요. 이슬람 종교에서는 먹을 수 없는 음식을 엄격하게 구분하고, 이를 '하람'이라고 해요. 술과 돼지고기가 대표적인 '하람'이에요. 이슬람에서는 돼지를 더러운 동물로 여기고, 사악한 신들에게 바치는 제물로 생각했어요. 유대교를 믿는 이스라엘도 마찬가지예요. 종교적인 이유 외에 중동 지역의 자연환경 탓에 돼지고기를 꺼렸다고 보기도 해요. 덥고 메말라서 돼지를 기르기 힘들고, 육류가 부패하기 쉬운 환경 때문이지요.

▲소를 소중하게 다루는 인도 사람

▲돼지고기를 먹지 않는 무슬림

 한입 더!

# 별난 고기, 유별난 음식 유래

음식마다 다양한 문화와 역사가 담겨 있어요. 육포는 쉽게 부패하는 고기를 오래 보관하기 위해 만든 방식이었고, 설렁탕은 제사를 지내던 '선농단'에서 비롯되었거나, 몽골어 '슈렁'에서 생긴 말이라고 전해지고 있어요. 이처럼 음식의 탄생과 관련한 사연도 각각 다르답니다.

##  경제 대공황 때 탄생한 후버 돼지

1930년 대의 미국은 경제적으로 무척 어려운 시기였어요. 경제 대공황이라고 불리던 이 시기엔 직장을 잃은 사람들이 엄청나게 늘었고, 한 끼니를 챙기는 것이 쉬운 일이 아니었어요. 그러다 보니 단백질이 풍부한 돼지고기의 유통도 줄고, 가난한 이들은 먹을 엄두를 내지 못했어요. 이 시기 미국의 남부 텍사스 사람들은 돼지고기 대신 아르마딜로를 먹었어요. 이때 미국의 대통령은 허버트 후버였고, 사람들은 이 대통령의 이름을 따 그때 먹은 아르마딜로 고기를 후버 돼지고기라고 불렀답니다.

## 고기이면서 아닌 척, 돈가스

돈가스는 서양의 커틀릿을 일본에서 받아들이며 일본인의 입맛에 맞게 바뀐 요리로 알려져 있어요. 일본은 육식을 금지하다가 서양 문물을 받아들인 시기인 1868년 이후, 적극적으로 고기를 권장했대요. 일본에 들어온 서양인에 비해 일본인들이 너무 왜소했는데 이를 육식을 먹지 않은 식습관 때문이라고 생각했다고 해요. 그 이후로 고기를 권장했지만, 사람들이 선뜻 먹지 않았지요. 이때 돼지고기 겉에 튀김가루를 입혀 고기인 줄 모르게 먹게 하는 새로운 음식이 탄생했고, 이 음식이 돈가스라는 설이 있어요.

### ★ 돼지 > 닭 > 소? ★

세계에서 가장 많이 먹는 고기를 순서대로 보면 돼지가 1위, 닭과 칠면조 같은 가금류가 2위, 소가 3위라고 해요. 해마다 다르지만, 유엔식량농업기구에 따르면 대체로 이런 순서예요. 우리나라에서도 비슷해서 한국농촌경제연구원에 따르면 2023년 기준으로 1인당 육류 소비량 60.6kg 중 절반이 돼지고기(30.1kg)로 가장 많았고 닭고기(15.7kg), 소고기(14.8kg) 순서였다고 해요.

▲아르마딜로의 모습

# 2장
# 후르륵 면 요리 편

# 6화 찜통 더위엔 비빔면이지!

바깥 기온이 30도가 넘는 어느 뜨거운 여름.

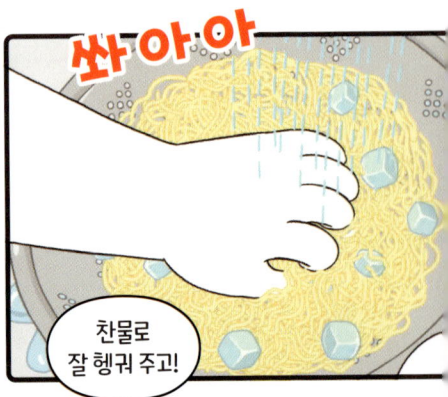

# 한국의 이런저런 면면들!

짜장면, 국수, 라면, 칼국수등 우리나라 면 요리는 간편한 음식에 속해요. 이런 면들은 탄생한 시기가 다르고, 맛을 내는 요리법도 제각각이지요. 일주일에 몇 번은 먹는 면들, 그런데 이 면들 중에는 수천 년 역사를 가진 것이 있고, 몇십 년 역사를 가진 것도 있어요. 알게 뭐라고요? 흠, 맛나면 그만?

##  고려 시대 때부터 먹은 국수

한반도에서 밀은 귀한 곡식이었어요. 쌀농사를 주로 해서 밀은 삼국 시대 때부터 중국 쪽에서 수입했다고 해요. 그러니 밀로 만든 국수는 오래전엔 아주 귀한 음식이었겠죠? 고려 시대 송나라 사신의 여행기인〈고려도경〉에 "고려인들은 제사 때 면을 사용하고 절에서 면을 만들어서 판다."는 기록이 나와요. 이 기록으로 볼 때 고려 시대 때부터 국수를 먹었고, 이 당시의 국수는 제사 때 올리는 귀한 음식이라는 것을 알 수 있지요. 그 이후, 지역의 특성에 맞게 평안도, 함경도에서는 메밀국수, 경기도에서는 녹두나 전분 국수, 냉면 같은 다양한 형태의 면이 나타났답니다.

##  짜장면과 라면의 꼬불꼬불한 역사

1882년에 임오군란이란 사건이 있었어요. 그때 청나라 군인들을 따라 중국 상인들이 인천에 들어와서 짜장면을 선보였어요. 인천항의 부두 근로자들에게 값싸고 빨리 먹을 수 있는 짜장면은 인기 폭발이었지요. 이후, 양파, 당근 등 우리 땅에서 많이 나는 재료에 춘장을 물에 푼 소스가 가미되어 현재의 맛이 탄생하게 되었지요. 라면은 일본 기업 '닛신'의 회장이 창안해 낸 음식이에요. 한국에서는 1960년대에 한 기업이 일본에서 도입한 '치킨라면'을 선보이며 시작되었어요. 한국 전쟁 이후 식량 부족을 겪던 국민의 가장 사랑받는 식품이 되었답니다.

▲장수의 상징인 국수는 결혼식 등에서 먹는 귀한 음식이었어요.

▲인천 차이나타운의 현재 모습

> 한입 더!

# 알고 먹으면 더 맛있는 면의 유래

최초의 국수는 메소포타미아 지역에서 탄생했다고 해요. 지금의 이슬람 중동 지역이에요. 중국, 동아시아 지역, 북아프리카 등에서도 국수가 발달했는데 유럽에서는 그렇지 않았어요. 유럽에서도 밀 농사가 잘되었지만, 이곳에서는 국수 대신 빵을 만들어 먹는 문화가 더 성행한 까닭이지요.

 ## 라멘과 라면이 같은 음식이 아니라고?

라면이 현대에 탄생한 음식이라면 일본의 라멘은 라면 이전부터 있던 음식이에요. 라멘은 일본에서 최초로 만든 음식이 아니라 중국 명나라에서 망명한 유학자 주순수가 소개한 음식이라는 설이 있어요. 1600년대 일본의 유학자인 도쿠가와 미쓰쿠니는 새로운 문물에 대한 호기심이 많은 인물이었어요. 도쿠가와 미쓰쿠니가 주순수가 만들어 준 국물과 면을 만들어 보며 시작되었다고 해요. 도쿠가와 미쓰쿠니는 라멘 외에도 치즈, 교자, 와인 같은 외래의 문물과 음식을 일본에 소개한 인물이라고 해요.

 ## 고대 로마인들도 먹던 파스타

파스타는 이탈리아어 '임파스타레'라는 말에서 나왔다고 해요. '반죽하다'는 뜻이에요. 파스타는 면이 건조한 상태냐 젖은 상태냐, 길쭉한 형태냐 짧은 형태냐 등에 따라 200여 종으로 분류해요. 스파게티는 롱 파스타, 마카로니는 쇼트 파스타인 거지요. 파스타의 기원에도 여러 설이 있어요. 마르코 폴로가 중국 원나라 황제인 쿠빌라이칸의 궁에 갔다가 배워서 1295년에 가져왔다는 설이 있고요. 기원전 4세기 이탈리아 에트루스칸족의 무덤에서 파스타 조각이 나오기도 했어요. 고대 로마인들도 만들어 먹었다는 기록이 남아 있어요.

### ★ 짜장면 한 그릇이 15원? ★

짜장면이 대중화된 것은 1960년대였어요. 그때 한 그릇이 15원이었지요. 지금은 가장 싼 음식에 속하지만, 이 무렵에는 고급하고 비싼 음식에 속했어요. 15원이 싼 가격이 아니었던 거지요. 차츰 가격이 싸지기 시작해서 1970년대에는 물가가 오른 데 비해 싼 가격인 200원 전후, 1990년대 초반에는 1,300~1,500원, 2000년대에는 3,000원~4,000원 정도에 가격이 형성되었지요. 지금 3,000원 하는 곳은 정말 드물지요?

▲비교적 저렴한 음식이었던 짜장면

# 3장
# 일상 음식 편

# 7화 네 가지 맛 행복

# 8화 평생 먹을 카레 한 솥 먹방

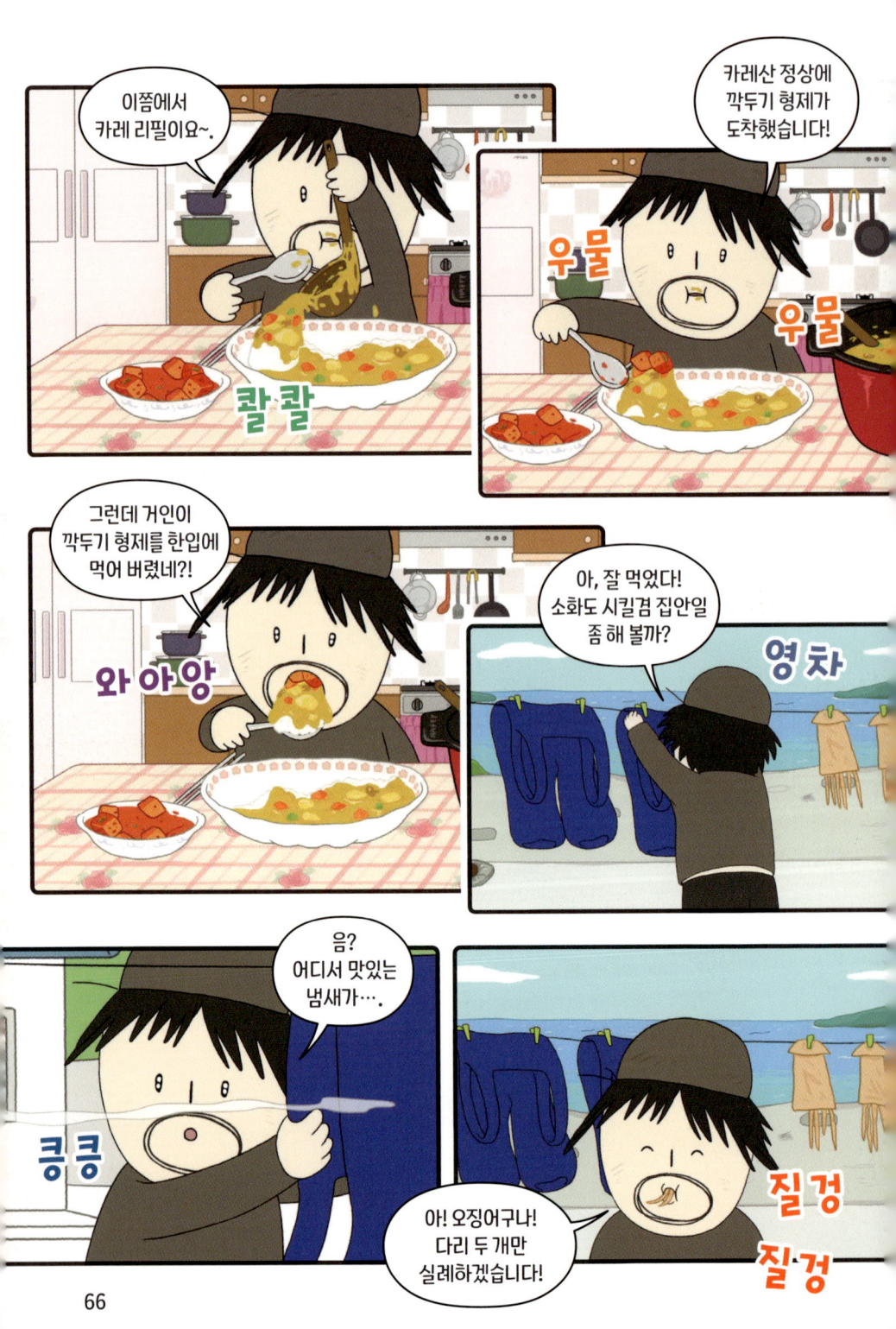

로건의 직장, 점심시간

# 12화 훈훈한 포장마차, 푹 끓여 진한 우정!

어느 추운 겨울 날.

# 13화 칭찬과 격려는 양꼬치로!

# '커리'와 '카레'는 다른 음식?

카레는 본래 여러 가지 향신료와 고기, 채소 등을 넣고 푹 끓인 인도 전통음식이에요. 영국인들이 '커리'라는 이름을 달았고, 그 커리가 일본으로 건너가 '카레'가 되었지요. 커리와 카레는 단지 발음의 차이만 있는 건 아니에요. 커리와 카레는 도대체 어떻게 다른 걸까요?

 ## 인도에는 커리가 없다?

영단어 커리(Curry)의 어원인 타밀어 카리는 국물, 소스를 뜻해요. 인도에서는 마살라라고 하는 혼합 향신료를 요리에 자주 사용했어요. 커리는 우리가 아는 '노란색 카레'가 아니라 각종 식재료에 마살라를 넣어 끓인 음식을 뭉뚱그려 부르는 이름이에요. 인도인들은 모든 음식에 마살라를 넣었고, 그중 걸쭉한 국물에 건더기를 넣은 음식을 만들어 먹었지요. 그후 영국의 식민지였던 인도에 정착한 영국인이 자신들의 입맛에 맞게 스튜 형태를 바꾼 커리를 즐겨 먹었어요. 곧 커리를 가루로 만든 커리파우더를 만들어 상품으로 만들었지요. '커리'라는 이름은 사실 영국인들이 붙인 이름이지요. 그 과정에서 '치킨 마크니'나 '티카 마살라' 같은 커리가 탄생했지요.

 ## 걸쭉한 '카레라이스'의 탄생

19세기 말, 일본인들은 서양식 메뉴의 하나로 '커리 앤드 라이스'를 들여왔는데, 친숙한 쌀밥 요리인 데다 만들기도 쉽고 맛도 좋아 빠른 속도로 일본의 식생활에 파고들었어요. 일본인들의 입맛에 맞게 조리법을 바꾸었는데, 기존 영국식 파우더에 밀가루와 버터를 1:1로 볶아 만든 '루'를 사용해 더욱 걸쭉하게 만들었지요. 이름도 커리의 일본식 발음인 카레로 이름이 바뀌었어요. 우리의 식탁에 올라오는 카레라이스도 일본에서 건너온 음식이에요. 우리나라에는 1963년, 오뚜기에서 가정용 카레가루가 출시되면서 대중화되었지요.

▲영국에서 만들어진 '커리파우더'

▲더욱 걸쭉해진 일본식 '카레라이스'

 **한입 더!**

# 썩어야 나는 참맛, 발효 식품

김치, 된장, 고추장, 간장, 장아찌 등은 우리나라에서 즐겨 먹는 발효 식품이에요. 발효는 효모나 미생물이 산소가 없는 상태에서 사람에게 유용한 유기물을 만드는 과정을 말해요. 발효하면 음식을 오래 보관하며 먹을 수 있고, 독특한 맛을 얻을 수 있지요. 세계 여러 나라의 발효 식품들을 알아볼까요?

##  세계에서 가장 큰, 에멘탈치즈

치즈는 우유나 다른 동물의 젖을 발효시켜 만든 음식이에요. 유럽과 아랍 지역에서 수천 년 전부터 만든 식품이어서 지역마다 종류가 아주 다양해요. 그중 스위스 알프스 지역에서 만들어 먹던 에멘탈치즈는 가장 큰 치즈로 유명해요. 가장 큰 것은 자동차 바퀴만 한 크기에 무게가 100kg이 넘는 것이 있어요. 15세기 무렵부터 스위스 베른의 '에메'라는 강 언저리 계곡에서 만들기 시작해 붙은 이름이래요. 스위스의 켈트족 사람들은 눈 때문에 몇 달씩 알프스의 산속에 갇혀 사는 겨울 동안 영양가 높은 에멘탈치즈를 즐겨 먹었다고 해요.

## 수년을 삭힌 생고기, 하몬

스페인, 포르투갈 등이 있는 이베리아반도에서는 오래전부터 돼지의 뒷다리를 숙성, 발효한 '하몬'을 즐겨 먹었어요. 생고기를 천장에 매달아 수개월에서 수년을 숙성시킨 음식이어서 독특한 향이 나고 익힌 고기 맛과는 아주 달라요. 소금에 절여 있어 통째로 먹기는 너무 짜 빵과 함께 반찬처럼 먹는 음식이지요. 삭힌 고기를 먹는 것도 인류의 아주 오래된 식습관이에요. 북아메리카 인디언 만단족은 물에 빠져 죽은 들소를 구해서 수개월 삭힌 후 먹었고, 추운 시베리아의 야쿠트족은 삭힌 순록 고기를 즐겨 먹었답니다.

### ★ 비틀비틀 술에 취한 원숭이 ★

미국 버클리대학의 연구자들이 파나마의 어느 섬에 들어갔을 때예요. 섬의 정글에는 원숭이들이 살았는데 어느 날 원숭이 한 마리가 술에 잔뜩 취해 있는 게 아니겠어요? 그래서 이 원숭이들을 관찰하기 시작했어요. 원숭이들은 야자나무에서 익을 대로 익은 열매를 삽시간에 엄청나게 먹더래요. 싱싱한 열매 대신에 발효되어 알코올이 생성된 것을 골라 먹는 거지요. 발효 식품의 맛을 제대로 아는 원숭이네요.

▲정글에 있는 원숭이

# 4장
## 여행 음식 편

# 15화 아마도 즐거운? 캠핑 먹방!

맛있는 음식과 모닥불 타는 소리!

따뜻한 차를 마시며 밤하늘 바라보기!

이게 바로! 캠핑의 낭만이죠!

아까부터 뭘 보는 거니?

로기를 위한 거실 캠핑장!

전국 맛집 정복을 한번에 끝낸 미니 가족은 식곤증으로 잠들어 버렸다!

# 옛 그림에 차려진 요리

여행을 하며 그 나라만의 다양한 음식과 문화를 체험하는 것처럼 그림을 통해서도 당시 문화, 역사를 배울 수 있어요. 〈최후의 만찬〉이라는 명화에는 기다란 식탁 위에 빵이 놓여 있는 것이 보여요. 이 시대에 이미 빵을 즐겨 먹었다는 사실을 알 수 있지요? 조선시대 풍속화를 보아도 우리 조상들이 어떤 음식을 먹었는지 알 수 있어요. 옛 그림에 담긴 요리를 통해 그 시대의 음식 문화를 유추해 볼까요?

## 중세 유럽 귀족의 화려한 식사

이 그림의 배경은 15세기예요. 네덜란드에서 태어나 14세기부터 15세기까지 프랑스 궁정에서 활동한 화가인 랭부르 형제의 그림 〈베리 공작의 화려한 기도서〉의 한 장면이에요. 베리 공작은 어마어마한 영토와 재산을 가진 왕족이자 귀족이었어요. 이 식사 자리에 참석한 이들은 모두 호화로운 옷을 입고 있지요? 이들을 위해 차린 식탁은 아주 풍성해 보여요. 그림에서 어떤 요리인지 명확히 알 순 없지만, 이 당시엔 수프, 샐러드, 생선, 육류, 과일과 치즈, 디저트 등이 차려졌다고 해요. 한번에 식탁에 다 차릴 수가 없어서 서너 번에 걸쳐서 다 먹은 음식을 치우고 또 차렸지요.

## 가난한 이들의 소박한 식사

빈센트 반 고흐의 〈감자를 먹는 사람들〉이란 그림이에요. 1885년에 그린 그림이지요. 이 그림에 등장하는 사람들의 옷차림은 칙칙하고 거칠어 보이지요? 지친 얼굴에 거친 손으로 감자를 권하고 차를 따르고 있네요. 이들은 낮 동안 감자를 캐느라 바삐 보냈는지 무척 고단해 보이고, 어두컴컴한 실내에 등불마저 흐릿해서 더욱 초라해 보이네요. 1800년대 감자는 가난의 상징과 같았대요. 유럽이 세계 곳곳에 식민지를 개척할 시기였지만, 가난한 이들은 더 가난해졌고, 감자는 이들의 굶주림을 해결해 준 가장 유용한 작물이었지요.

▲책 〈베리 공작의 화려한 기도서〉 중 일부

▲그림 〈감자를 먹는 사람들〉

# 향신료 전쟁에서 승리하라!

후추, 고춧가루, 고수, 시나몬이란 불리는 계피 같은 것을 향신료라고 해요.
음식의 맛을 낼 때 향과 맛을 풍부하게 해 주는 재료들이지요.
그런데 이런 향신료를 차지하기 위해 크고 작은 일들이 많았다고 해요.
향신료를 둘러싼 이야기를 살펴볼까요?

##  고춧가루의 나라, 조선

1933년 6월 20일 어떤 신문에 이런 내용의 글이 게재되었어요. "조선처럼 일반 가정에서 고춧가루를 많이 사용하는 곳은 없을 것입니다. 모든 반찬에 사용하고, 두세 살이 먹은 어린아이 적부터 먹어 중독되어 버립니다." 그런데 고춧가루는 조선 전기에만 하더라도 한반도에 없었어요. 1592년에 일어난 임진왜란 전후에 들어왔다고 해요. 포르투갈 상인을 통해 일본에 전해졌고, 다시 우리 땅에 전해진 것으로 봐요. 그 이전에는 김치도 대부분 하얀 김치였고요. 18세기에 이르러 고추를 많이 재배하면서 더욱 많이 사용하게 되었다고 해요.

##  후추를 차지하기 위한 세계전쟁

15세기 말부터 19세기까지 에스파냐, 포르투갈, 네덜란드, 영국 등은 남아시아와 동남아시아 지역에 식민지를 개척하기 위해 경쟁했어요. 이 땅에는 후추와 시나몬 같은 향신료가 잘 자랐고, 아주 풍부했거든요. 유럽인들에게 이런 향신료가 소개된 후, 새로운 맛을 경험한 이들에게 향신료는 아주 값비싼 상품이 되었어요. 그래서 16세기와 17세기에 향신료를 차지하기 위한 이 나라들의 경쟁을 최초의 세계 전쟁이라고 일컫기도 해요. 향신료를 둘러싼 뺐고 빼앗기는 전투가 벌어졌지만, 동서양의 문물이 더욱 활발하게 교류하는 계기도 되었답니다.

### ★ 신의 열매, 초콜릿 ★

초콜릿의 원료는 카카오나무의 열매인 카카오콩이에요. 말린 카카오콩을 볶아서 가루로 빻은 다음 설탕, 우유, 향신료 등을 넣고 굳히면 초콜릿이 돼요. 이 초콜릿이 시작된 것은 무려 기원전 3천여 년 전 중앙아메리카였어요. 그 당시의 원주민들이 이미 카카오나무로 초콜릿을 만들어 먹었어요. 그 후, 아스테카와 마야 사람들은 카카오콩을 신성한 열매로 여기며 음료 '초콜라틀'을 만들어 마셨고, 에스파냐가 아스테카를 정복한 후, 유럽에 전파되어 초콜릿이 탄생하게 되었답니다.

▲ 초콜릿

## 푸먹's 뚝딱 레시피

불을 써서 조리하지 않아도 되는
안전하고 건강한 음식을 만들어 보아요!

### 떠먹는 컵피자

● 재료 : 식빵 1장, 양파 1/4개, 햄 1개, 옥수수 2스푼, 파프리카 1개, 모짜렐라치즈, 토마토소스 4스푼, 전자레인지용 컵

1. 식빵을 엄지손가락 한 마디 정도로 잘라 주세요.
2. 양파와 햄, 옥수수 등 토핑 재료를 잘게 썰어 준비해 주세요.
3. 전자레인지용 컵을 준비한 뒤 바닥에 식빵을 깔아 올리고 그 위에 토핑 재료를 올려 주세요.
4. 토마토소스를 골고루 펴 바르고 그 위에 모짜렐라치즈를 가득 올려 주세요.
5. 이 상태로 전자레인지에서 치즈가 녹을 때까지 약 2~3분 돌리면 완성!

블랙올리브나 파슬리가루, 체다치즈 같은 다양한 재료를 올리면 더욱 맛있어!

### 🍖 푸먹's 깜짝 퀴즈

1930년대, 경제 대공황 때 미국의 남부 텍사스 사람들이
돼지고기 대신 먹던 고기의 이름은 무엇일까요?

1. 베이컨    2. 허브 돼지고기    3. 후버 돼지고기

# 푸먹's OX 퀴즈

매운 음식을 먹기 전에 달걀을 먹는 이유는
달걀에 함유되어 있는 루테인 때문이다? O 아니면 X?

O · · · · · X

힌트 : 10p, 정답 : ③, X

**맛있는 상식 시리즈**

**초판 1쇄 인쇄** 2025년 3월 10일
**초판 1쇄 발행** 2025년 3월 27일

**발행인** 심정섭
**편집장** 안예남
**편집팀장** 이주희
**편집** 송유진
**제작** 정승헌
**브랜드마케팅** 김지선, 하서빈
**출판마케팅** 홍성현, 김호현
**디자인** DesignPlus
**본문구성** 정다예, 임정우
**이미지 제공** 한국관광공사

**발행처** ㈜서울문화사
**인쇄처** 에스엠그린
**등록일** 1988년 2월 16일
**등록번호** 제 2-484
**주소** 서울시 용산구 새창로 221-19
**전화** 02-799-9321(편집), 02-791-0752(출판마케팅)

ⓒ푸먹. ALL RIGHTS RESERVED.
ⓒSANDBOX NETWORK Inc. ALL RIGHTS RESERVED.

※본 상품은 ㈜샌드박스네트워크와의 정식 라이선스 계약에 의해
㈜서울문화사에서 제작, 판매하므로 무단 복제 및 전재를 금합니다.
※잘못된 제품은 구입하신 곳에서 교환해 드립니다.

ISBN 979-11-7371-010-0
ISBN 979-11-6923-322-4(세트)